Ernst Bühler • Unterm Hibiskus-Strauch

ERNST BÜHLER

Unterm Hibiskus-Strauch

Gedichte

FRIELING

Ernst Bühler wurde 1957 in Winterthur, CH, geboren, wo er die Schulen besuchte und eine kaufmännische Lehre absolvierte. 1980 trat er in den öffentlichen Dienst ein, zunächst für zehn Jahre als Pfändungsbeamter und anschließend während 30 Jahren als Gemeindeschreiber. 2008 erwarb er das Deutschdiplom der Zürcher Handelskammer.
Seit der Pensionierung im Jahr 2022 widmet er sich vermehrt dem Schreiben. Einige Gedichte sind in Anthologien erschienen.
Er ist Vater von zwei erwachsenen Kindern und lebt mit seiner Gattin in Hagenbuch bei Frauenfeld.

Bibliografische Information der Deutschen Nationalbibliothek
Die Deutsche Nationalbibliothek verzeichnet diese Publikation in der Deutschen Nationalbibliografie; detaillierte bibliografische Daten sind im Internet über http:
//dnb.d-nb.de abrufbar.

Eine Marke der Frieling & Huffmann GmbH & Co. KG
Rheinstraße 46, 12161 Berlin
Telefon: 0 30 / 76 69 99-0
www.frieling.de
1. Auflage 2023
ISBN 978-3-8280-3809-7
Auch als E-Book erhältlich (ISBN 978-3-8280-3810-3)
Bildquelle: pixabay

Printed in Germany

Meinen Gedichtband widme ich meiner Gattin Yvonne. Ihr gilt mein unermesslicher Dank. Sie hält mich seit etlichen Jahren aus, sie unterstützt und trägt mich und ich denke, dass sie mich liebt. Deshalb steht das Gedicht «An Yvonne» an erster Stelle, wo sie auch in meinem Herzen ist.

An Yvonne

Kennengelernt am Abend meiner Jugend
hast du mir Lebenslust zurückgegeben
und die Zukunft mit Inhalten gefüllt.
Du hast den Aufbruch mit mir gewagt,
Träume, Wünsche, Hoffnungen mit mir geteilt.

Mit Zuversicht gründeten wir unsere Familie.
Doch viele einsame Tage standen bevor,
Versprechen waren oft Luftschlösser.
Tränen und Freude, Lust und Frust
gaben sich die Klinke in die Hand.

Ich brauchte manche Jahre
auf dem Weg zur Einsicht,
dass das Nächste genährt sein will:
anerkennen, unterstützen, trösten,
Freude teilen. Herzlichkeit!

Für den Nachsommer unserer Zukunft,
für unsere Reife, für die Liebe,
für Dich, Wonnli, mein Schatz,
schreib ich dies, nach spannenden Ehejahren.

Unterm Hibiskus-Strauch

Heut' lagen wir unterm Hibiskus-Strauch,
Durch den Schatten weht' ein Windeshauch,
Ich schaut' im Geäst die roten Blüten,
Die in edelzarter Schönheit glühten.

Für eine bezaubernde Minute
Mein tastender Blick sanft auf dir ruhte,
Ich dacht' an unsre bunten Jahre,
Die sich lichten wie die weißen Haare.

Heut' lagen wir unterm Hibiskus-Strauch,
Durch den Schatten weht' ein Windeshauch,
Ich sah in diesem leisen Augenblick
Dich und unser während Liebesglück.

In der Fremde

In der Fremde
Füllt sich die Luft
Mit Einsamkeit

Hohle Tage

In der Fremde
Ist die Luft weg
Du fehlst mir so

Blütenzauber

Schöne Blume,
Deinen Namen kenn ich nicht,
Du strahlst ins Herz
Mit deinem Glanzblütenlicht.

Deine Dolden
Wiegen im zarten Windesflaum,
Deine Farben
Erleuchten meinen Tagestraum.

Schöne Blume,
Blütenzauber fällt dahin.
Herbst, dann Winter –
Doch du bleibst im Herzen drin.

Im Herzen zugehörig

Wo das lebhafte Tal die Berge teilt
Hoch am Westhang ein paar Häuser kleben
Wo Reben auf Hangterrassen wachsen
Dort oben ist Castionetto im Veltlin

Wo Kargheit in den Steingemäuern hauste
Harte Arbeit den Alltag bestimmte
Wo Grossmutter auf dem Laubsack schlief
Ein einziger düsterer Wohnraum war

Wo Dreschflegel den Buchweizen droschen
Hartes Roggenbrot auf den Tisch kam
Wo auf offenem Feuer gekocht wurde
Feine Pizzoccheri aufgetischt wurden

Wo fette Schweine Hofgang genossen
Die Kühe vor dem Haus getränkt wurden
Wo nachts Fledermäuse Insekten jagen
Im Herbst Kastanien den Igeln gleichen

Wo ich mich im Herzen zugehörig fühle
Damals als Kind wie heute als Pensionär
Wo ich die Sprache nie gelernt habe
Nie ein Wort mit Grossmutter wechselte

Wo kaum noch Leute ganzjährig wohnen
Der Duft der schwarzen Polenta fehlt
Wo kaum jemand auf der Strasse plaudert
Mein Name nur Erinnerungsgewölk ist

Wo längst Ferienhektik der Fortgezogenen
In frisch getünchte Gemäuer eingezogen ist
Wo Müssiggang den Alltag bestimmt
Pergolen zum Schlemmen einladen

Wo der Verkehr die einzige Strasse regiert
Gasheizungen die Wohnräume wärmen
Wo verschiedene Sprachen zu hören sind
Wohlstand den Ort überzogen hat

Wo Ahnen atmeten und Land bebauten
Einzig ferne Verwandte anzutreffen sind
Dort ist die Heimat meiner Mutter
Castionetto im Veltlin – Cà Maffina

Nebel

Feuchtwarme Fluren wallen
Den Morgentau zu Nebel,
Der den Menschen ins Nichts taucht.
Uns Vertrautes entschwindet.
Zeit, Geduld und Sonnenschein
Lichten neblige Fluren.

Frostland

weiß und weit ist das land
und frostig bläst die bise
hungrig heult ein wolf
über felderbrachen
in die trostlose
dunkelheit
diese trostlose
an der busstation
steigt ein letzter gast
klagend in den nachtbus
gekleidet in schnitters tracht

Musik erleben

Musik erzählt Geschichten
Geschichten des Alltags
Geschichten des Lebens

Musik ist Lebensgefühl
Gefühle, die anregen
Gefühle, die erinnern

Musik ist Klang
Wohlklang und Missklang
Klangvolle Harmonie

Musik bewusst erleben
Wie der Alltag musiziert
Wie die Zeit danach steht

standfest

hab an warmen tagen gartenschuhe mit sätzen gefüllt,
gedankensätze, protestsätze, erinnerungssätze,
und sie an den straßenrand gestellt,
damit sie jemand im vorbeigehen mitnimmt
und mit den hirnlappen zerdenkt,
auf dem weg irgendwo für andere verliert
oder vielleicht viral gehen lässt.
will von ihnen erlöst sein.
viele sätze sind ja sprachlichter am wegesrand
und erfreuen; nein, nein nicht deshalb.
die meisten sätze stehen noch da,
eingestampft wie reifer kompost,
und das erste laub blättert von den zweigen.

Drei Elfchen

Elf
Eine Zahl
Eine unteilbare Zahl
Ich bewundere diese Selbstbestimmtheit
Unabhängigkeit

Parkhaus
Autos parkieren
Leute steigen aus
Schlendern plappernd zum Ausgang
Shoppingzeit

Bildschirm
Die Worte
Bevölkern ihn hundertfach
Bilden Satz um Satz
Geschichten

Lebensklang

Unserm Liebesglück und Lebenswerk
Widmen wir das täglich' Augenmerk.
Hör dir das Lied, das die Amsel singt,
Dass dir beides mit Geschick gelingt.

Sie erzählt mit heiterem Gesang
Vom leisen, schillernden Lebensklang,
Der unsere kleine Welt erfüllt,
Unser Tun in eine Seele hüllt.

Verstummt unverhofft der Lebensklang,
Bleibt uns das Lied, das die Amsel sang,
Scheint in neuem Licht das Augenmerk
Aufs Liebesglück und Lebenswerk.

Zwischenzeiten

Geboren sein und sterben
Ist menschliches Schicksal
Nach dem Willen der Natur.

Zeit wird dauernd neu geboren,
Teilt unsre Lebensabschnitte
Meist ohne unser Zutun ein.

Und viele göttliche Fügungen
Bereichern unmerklich das Leben
Zwischen Erwachen und Einschlafen.

Mensch sein

Mensch werden
lernen, erfahren, erkennen

Mensch bleiben
intuitiv, stark, demütig

Menschlich sein
liebevoll, verlässlich, respektvoll

Als Mensch entschlummern
zufrieden, stolz, dankbar

Immer Mensch sein
Immer sich sein

Sollbruchstelle

I.

seit ich den ort kenne wuselt es
duckmäuserisch unterm gemüse
keine sorge zischeln die würmer
wir bewahren sorgen und lügen
so wie wir das unkraut umsorgen
die spitzen des gräuels stören nicht
und allabendlich drückt das schweigen
auf die sollbruchstelle zum tagesglanz

II.

ihr habe die arbeit im garten gutgetan
viele sorgen lägen hier vergraben
sinniert die greisin weise vor sich hin

bedeckte sorgen haben eine sollbruchstelle
entlang der wurzel und dem tageslicht
gesichert vor zupfen reden und nachdenken

fern von lästig fragen und sauren gedanken
nähren sie unkräuter und ungeziefer
wurzeln tief im erinnerungsgeflecht

wunden und narben unantastbar
klippen schweigend umschifft
ordnung und ehre ausgestülpt intakt

sorgen haben mitwissende und berührte
diese kennen das triste wurzelgeflecht
knacken sicher geglaubte sollbruchstellen

Verpflanzter Baum

Im Herzen brennt der Wunsch nach Nestwärme,
Noch bist du nicht richtig angekommen.
Glück und Zuversicht schweben lautlos ferne,
Dir scheint, es wurde dir was genommen.

Vergangene Jahre wiegen federleicht,
Erinnerungen umhüllt von Melancholie.
Das Lebensgefühl ist brütend und seicht,
Die Welt klingt wie eine schlechte Melodie.

In der Kindheit vernahm ich muntre Worte,
Du hast mir Optimismus mitgegeben;
Mancher davon begleitet mich am Orte,
Wo du ihn gepflanzt hast – rankt wie die Reben.

Schau nach vorn! Zehre von den reifen Früchten,
Die in deinem Lebensgarten gewachsen sind.
Lass' mit neunzig dir das Lebensfenster schmücken,
Genieße jeden Atemzug, freu dich wie das Kind.

Auch wenn die Beine streiken – der Kopf ist wach!
Der Herrgott hat's gut eingerichtet und recht gemacht:

Den Kopf hat er mit einem Hirn versehen,
Die Beine aber nur mit nackten Füßen,
Damit wir's heiter und zu jeder Zeit verstehn,
Sich zu freuen und den Augenblick zu genießen.

Brüderliche Bande

Gemeinsam sind sie groß geworden,
Im warmen Elternhaus geborgen,
Haben erfüllt die Jugendzeit durchlebt,
Brüderliche Bande dauern unentwegt.

Es kam die Zeit, das weite Leben zu erahnen,
Sie flochten Lebensstränge zu festen Bahnen
Mit Fleiß und Neugier, jeder auf seine Weise.
Im Fluge verging die Zeit mal laut, mal leise,
Mal gerade, mal verzwickt, so wie's halt gerät,
Und jeder seinen eig'nen Lebensgarten pflegt.

Kommt's, dass des einen Dasein kaum gelingen will,
Sie finden sich nicht, jeder leidet einsam still.
«Mein Bruder, halt Dich warm, lehn Dich an mich!»
Verhallende Rufe – er hört sie leider nicht.
Einsamkeit und Leere schleichen in sein kühles Haus,
Gedanken kreisen planlos, sein Licht geht sachte aus.

Mit Bedacht hat er sich zur Heimkehr entschieden,
Mit sich versöhnt und in reinlichem Frieden.
Ratlosigkeit die Gedanken des Bruders belegt,
Denn brüderliche Bande dauern unentwegt.

Gattung Mensch

Des Menschen natürliches Bestreben
Ist Liebschaften zu verweben,
Damit er die Gattung Mensch erhält,
Selbst wenn um ihn herum die Welt zerfällt.

Vielleicht verliert sich seine Spur
Irgendwann im Kreislauf der Natur.
Nur der Kosmos stellte dann die Frage:
Gibt es noch Menschen, diese Plage?

Gemeinschaft

Als Reisig im Heimatbaum
bist du Teil des Blätterdachs.
Alle zehren vom selben Saft,
umhüllt von derselben Borke.

Covid

Ohne Hast streunt das Virus,
Frisst sich durch unsre Gesellschaft
Ohne Gestalt, Duft und Geschrei,
Frisst wie ein morbider Spulwurm.

Bricht jegliche Konventionen,
Entzweit Familien und Freunde.

Widriges, tückisches Covid!
Als hinterhältiges Irrlicht
Widerfährst du uns im Alltag
Mit deiner hässlichen Fratze.

(K)eine Frage

Es stellt sich nicht die Frage:
Ist's gerecht? Wieso? Warum?
Wir frönen nicht der Klage,
treiben unser irdisch Tun.

Und doch steigen Zweifel auf:
Gelingt uns nichts auf Anhieb?
Was ist's? Der Welten Lauf,
in dem das erste Glück versiegt?

So viel Glaube, so viel Kraft,
um vielleicht ans Ziel zu kommen,
irgendwann sind wir geschafft!
Doch der Gipfel ist erklommen.

Sichern uns am steilen Grat
auf dem Weg zum nächsten Ziel.
Beweisen uns mit Geist und Tat,
halten uns mit Charme und Stil.

Ging's nicht leichter im Daseinsstall?
Flüstre's mir, Geist Baladur:
Wie gelingt's aufs erste Mal?
Kennest du die Rezeptur?

Ausgebremst

Keiner spricht mit ihm, keiner hält zu ihm,
seine Arbeit wird kaum wahrgenommen.
Eigentlich will niemand mehr.
Sie reden über, aber ohne ihn.
Ist er gekündigt? Er weiß es nicht.

Die Luftleere raubt ihm den Verstand,
bleierne Gedanken lasten schwer;
und die Familie leidet ängstlich mit.
Körper und Geist liegen darnieder,
die Beine tragen kaum, der Atem fehlt,
das Hirn denkt A, der Mund aber spricht B.

Gnadenlose, seelenlose Zeit in Finsternis.
Er weint verzweifelte Tränen – doch um was?
Genug gehadert! Genug geweint!
Die Zukunft ist offen und frei!
Mutig nimmt er das Zepter in die Hand,
wirft die Anstellung hin für seine neue Welt.

Was bleibt, ist grenzenlose Enttäuschung;
zu Wut oder Bitternis reicht es nicht,
kein Erinnern, Verdrängen, Vergessen.
Neue Perspektiven eröffnen, das zählt,
vorwärts streben mit der Zukunft im Sinn.

arbeitsschluss

er stand ein für alle und alles
bis zum abschied
er setzte sich ein für die sache
bis zum abschied
er war sich treu geblieben
bis zum fortgehen

er bekam keinen dank
beim abschied
er war allein
beim abschied
er war im inneren leer
beim fortgehen

Lebensabend

Leise streicht die Zeit durchs silbergraue Haar,
Trag sinnend mein Ergehen zum Altar;
Ich halte inne, schließ die Augen zu,
Noch scheint fern der Tag der ewigen Ruh.

Sanft rauscht draußen das Geäst der Linde,
Süßen Blütenduft ich neu empfinde,
Sonnige Zeit voll Lieb und Freud beginnt,
Der Morgen steht auf, der Abend zerrinnt.

Befreit des Alltags, dauerndem Zwängen,
Am Schönen sich erfreuen, kein Drängen,
Die Muße, das Handwerk sich erschließen,
Freundschaften pflegen, den Geist frisch gießen.

So belebt im letzten Lebensabschnitt,
Lächelt mild uns zu der Altersfortschritt;
Lässt unsre Zeit vergehen ungestraft,
Bis einst uns leis verlässt die Lebenskraft.

Altersruhe

du musst nicht, du darfst
du kannst, wenn du magst
du sollst, wenn du willst

treibe und gestalte
staune und genieße
liebe bis zum ende

Erinnert werden

Wach lieg ich im Bett auf meinem Ohr,
Alte Geschichten quellen hervor.
Mein unruhig Geist dringt in mich ein,
Entblößt mein längst vergangenes Sein.

Dient das blaue Nachtträumen
Vielleicht dem innern Aufräumen?
Erinnert werden als Prozedur
Zur finalen Seelenreinigungskur?

Schon möglich, aber das bräucht ich nicht.
Was ich wirklich will, ist Sonnenlicht,
Das mein Herz und den Alltag wärmt.
Jeder Tag wie reine Bienen schwärmt.

Restzeit

Was ich offerieren kann,
wo knapp die Lebensjahre?

Meine Liebe
Meine Zeit
Meine Duldsamkeit

Von allem hab ich genug,
hab mit jahrelang gegeizt.

gelassen

gelassen steh ich am ufer des rheins;
mit gestreckten hälsen ziehn vier gänse
mit sanft wellenden flügelschlägen
dem arglosen abend entgegen.
schau ihnen ruhig nach, spricht der rhein,
alte zeiten sind passé,
und was morgen ist,
steht nirgends geschrieben.
gänse wissen nicht, dass gelebte zeit
gelassen macht.

Sternenkind

Auf die Welt gekommen, doch die Heimat nie erblickt,
Entglitten bist du, das Schicksal vor dir eingeknickt.
Es klafft eine Lücke, deine Seele an fernem Ort,
Uns fehlt dein Atmen und Lachen, uns fehlt jedes Wort.

Am Firmament prangt dein Stern zu jedem Augenblick,
Dein Monogramm LC liebevoll drauf eingestickt.
Dieses helle Gestirn schmück dir zum vertrauten Hort.
Einst kommen wir nach, bereite ihn uns ebendort.

Am Kindergrab

Vorbei sind Tränen in der Nacht,
Nun hält die Zeit behütend Wacht,
Hält Weltenlärm fern vom Grab.

Steigt Trübsal auf, tropft mein Herz unbedacht,
Stupft mich das nie erwachte Knäblein sacht;
Scheint zu sagen: Ich bin mit dir am Grab.

Johannisnacht

So um die Johannisnacht
hüten Zauber und Magie
im Waldfriedhof die Macht,
führen feinfühlig Regie.

Tausende Lichter glühen
über Wiesen und im Wald.
Wundersames Glühwürmchen,
findest du dein Liebstes bald?

Derweil unter Efeuranken
ruht der nie erwachte Knabe.
Wehmütige Gedanken
verlieren sich am Grabe.

Nah sind sich neues Leben
und der Vergänglichkeit Macht.
Licht wird Kummer umweben,
so um die Johannisnacht.

Menschenkind

Engel haben dich geschickt,
Licht und Sonne zum Geleit,
Das Lebensbild ist gestickt,
Die Blumenwiese bereit.

Noch beschützt die Wiege
Dich, wehrloses Menschenkind;
An die Eltern dich schmiege
Vor dem rauen Alltagswind.

Gestalte selbst dein Leben,
Viele Hände wirken mit,
Stets aufmerksam streben,
Hör deinen innern Schritt.

Buntes Liebesglück

Er mit ihr; er mit ihm;
Sie mit ihm; sie mit ihr;
Wie es eben gefällt.
Lassen wir's bewenden.

Steht's uns zu, zu werten?
Sollen alle werkeln,
Wie es eben behagt.
Das Liebesglück ist mein.

Heiteres Leibesentzücken

In der engen Sänfte spürt' ich deine Brust
wohl zur eitlen Freude meiner Sinnenlust.
Ich ging zur Ruh, mir alle Glieder wohlig dehnte,
dann träumt mir von der Sänfte, du heiß Ersehnte.

Keusche Holme leis das Liebesnest wiegen,
im Vorhof der Freuden erregendes Lieben,
dann ein kraftvoll heiteres Leibesentzücken,
bis die erschlaffenden Sinne sanft entrücken.

Veilchenduft

Es umschmeichelt kosende Sinnenlust
Mit schönem Flötenspiel die Hülle.
Greif zu! Greif zur ganzen Liebesfülle,
Bis zum erlösenden Veilchenduft.

Stürmischer Drang

In stürmischem Drang die Körper entblößt,
kein Halten mehr, alles Hemmende gelöst!
Die Tugend weicht erotischem Haudern,
im Flur, auf dem Tisch, im Bett – ohne zaudern.

In feuchten Gründen ist das Feuer entfacht,
den erregten Körpern der Liebesrausch lacht,
glänzende Augen die letzten Kräfte bannen;
und endlich die Erfüllten sich wohlig entspannen.

Flötenspiel

Entblättre rasch den engen Mieder,
spür den Klang der sanften Flötenlieder,
um dann die betörend heißen Lenden
sehnend kühler Frische zuzuwenden.

Vergiss mich nicht

Ausgelassen umschmeichelt sich ein Liebespaar,
Verliebt in des andern jedes einzelne Haar,
Schwelgen überglücklich im grellen Amorlicht,
Über solchem Tun schwebt das Vergissmeinnicht.

Ihre Gedanken weichen zartem Verlangen,
Im Vorspiel feuriger Lust sind sie gefangen,
Himbeerheiße Liebe als episches Gedicht. –
Über solchem Tun schwebt das Vergissmeinnicht.

Süß war der Honigtag, und so kommt ebendann
Der sehnsüchtige Abschied auf ein Irgendwann.
Wiewohl, ihr Liebesflor verstellt die Weltensicht,
Solch Innigkeit behütet das Vergissmeinnicht.

Weit weg

Mir träumt, ich sei auf einer Insel
Mitten im silberschillernden Meer,
Sitz am Strand, mein unbesucht' Herz friert,
Bespritzt die Sehnsucht mit Abendrot.

Ein süßliches Herz mit Amors Pfeil
Hab ich sacht in den Sand gedrückt.
Vom rauschenden Meerlauf sanft umspült,
rieselt Sandkorn um Sandkorn in das Herz.

Möwen schreien mein Herzverlangen,
Schleierwolken hauchen mein Sehnen,
Wellen tragen zu dir mein Begehr,
Dass du mich mit deiner Liebe wärmst.

Liebeszeit

Sie liebten sich zärtlich
Sie liebten sich toll
Ihre Liebe war ehrlich
Das Glücksglas war voll.

Ihr Schifflein nahm Fahrt auf
Leichter Wind trieb die See
Das Leben kein Wettlauf
Das Glück lachte per se.

Erste Stürme brachten
Das Schifflein ins Wanken
Doch niemals gedachten
Sie der Liebe Schranken.

Wellen krachten über Bord
Sie hielten sich mit Mut
Das erste schlechte Wort
Jedoch schlug um in Wut.

Dann als der Zorn der See
Sich legte staunten sie
Verwunderter denn je
Wie war's gekommen, wie?

Nicht einzig die Liebe
Hält wüsten Stürmen stand
Tiefe Freundschaftstriebe
Bringen ewig blühend Land.

Alpsegen

Stolz wie ein orientalischer Emir
Grast oben auf der Alp ein junger Stier.
In der Nähe nascht Kuh Elsa Kräuter
Und füllt mit würziger Milch ihr Euter.

Kuh Elsa schielt zu Stier Fintan,
Sie sinnt, wie stell ich es bloß brav an,
Dass er mich gefühlvoll begattet
An einem stillen Örtchen, wohl beschattet?

Derweil hat auch Fintan entdeckt,
Wie süß Elsa ihre Schenkel leckt,
Beide stehn an den steilen Flanken,
In den Köpfen dieselben Gedanken.

Senn Ueli abends den Hügel erklimmt,
Zum Schutz der Alp den Segen anstimmt,
Sein Betruf über die Höhen schallt,
Im Herzen des Schutzheiligen hallt.

Die Alp und alles, was zugehöret,
Wähnt Ueli behütet und bewahret.
Versunken in seinen Gedanken
Marschiert er um des Hügels Flanken.

Ohooo! Abseits im lauen Schatten
Zwei Viecher sich glücklich begatten!
Ueli wird's ganz warm ums weiche Herzen,
Fern ein Abendrot gleich Lüsterkerzen.

Schnell nach Haus – «Gerda! Eilig zur Kammer,
Die Lenden drücken, es ist ein Jammer!»
So kommt es, dass auch Gerda beglückt
Und die Welt den Alpleut' ganz entrückt.

Das unschuldige Abendrot erlischt,
Der Sternenhimmel ist aufgetischt.
Der Schutzheilige ist arg verlegen,
Doch über Sennleut' und Viecher liegt sein Segen.

Samenbank

Der Samen gehört mir,
sagt zur Kuh der Stier,
liegt sicher, Gott sei Dank,
auf der Samenbank.

Ach, du geistig Lamer,
der liegt beim Besamer,
klärt auf die Kuh den Stier,
sonst wärest du nicht hier.

Partyreise

Dienen wir nicht oft dem Stress als Speise,
Huldigen dem eitlen Karrieregott?
Darum ab auf eine Partyreise
Zur Erholungsfrische vom Alltagstrott!

Die Flugreise war mega angenehm
Bis zur Landung im grauen Niemandsland
Auf einer Piste wie gestampfter Lehm.
Auf der Fahrt zum Hotel stockt mein Verstand:
Rundherum nur Einsamkeit und Leere,
Abgefuckte Buden, einst Legende,
Vergehendes Leben ohne Ehre,
Partys und Lebenslust längst zu Ende!

Der Hochglanzprospekt hielt mich zum Narren,
Erstaunt ging ich innerlich in die Knie.
Bin ich aufgesessen auf den Karren
Der ausufernden Reiseindustrie?

Am Himmelstor

Pocht ein Pilot an Petrus' Türschieber:
Hallo! War leider ein Montagsflieger!
Sorry wegen der Warteschlange;
Aber wir haben Zeit, keine Bange.

Petrus gibt sich wie immer höchst bieder,
zupft nervös an seinem Herzensmieder.
Sicher der Teufel, diese miese Schlange,
bewirkte deren Motorenpanne.

Luzifer rechnete mit reicher Beute,
als er die Passagierliste beäugte:
Politiker, Geistliche und Polemiker,
geschmacklos lärmende Choleriker.

Petrus prüft mit spitzer Seelenzange
alle einzeln in der Warteschlange,
ob ihr Wirken im Leben auf Erden
besiegle ihr endgültiges Sterben.

Sichtlich hatte er eine gute Stunde,
denn schaut man heute in die Runde,
gibt es nebst den genannten Henkern
auch viele biedre Kleingeistdenker.

Kritisch bleiben

Ruchloses Politikgebaren:
Hier surreale Ängste schüren,
Dort ein wenig dramatisieren.

Bleib stets kritisch in allen Fragen,
Schau nicht weg, sondern genau hin
Und prüf ein Thema auf seinen Sinn:

Was bezweckt es?
Wem dient es?
Was kostet es?

Meist sind Eigeninteressen Ausgangslagen.
Doch sind Antworten plausibel dargestellt,
Ist ein Thema somit meist kaltgestellt.

Fortsetzung

Kaum ist über eine
Sache Gras gewachsen,
kommt so ein Rindvieh
und frisst es wieder weg.

Angstgeschrei der Macht

Das Angstgeschrei der Macht
uns ratlos lässt und macht.

Vor der hetzenden Macht,
vor der predigenden Macht,
vor Lobbyisten-Macht,
vor Betroffenheits-Macht
vor der Presse-Macht
vor der Social-Media-Macht

nehme man sich in Acht,
bewusst der eignen Macht.

Das Recht, Vater zu sein

Sie wohnen zusammen seit langer Zeit,
Lebenswege gesäumt voll Heiterkeit,
Dunkle Wolken verzieh'n ohne Klage.
Einst stellte er sich heimlich die Frage,
Könnte er Vater eines Kindes sein?

Nie war Thema, eine Familie zu gründen,
Lebenslust feiern in großen Sprüngen.
Doch der Schwangerschaftstest von letzter Nacht
War positiv, sie war höllisch aufgebracht.
Er würde sich freuen, Vater zu sein.

Sie sehe die Familienzeit nicht gekommen,
Erklärt sie im Trotz ganz unbenommen,
Sie bestimme über ihren Körper allein,
Schleudert sie ihm entgegen, hart wie Stein.
Wo ist sein Recht, Vater zu sein?

Er fühlt sich echt vor den Kopf gestoßen,
Von allen Entscheiden ausgeschlossen,
Sieht er sich um sein Vaterrecht geprellt.
Entschwindet die erhoffte Familienwelt?
Ist sein Traum zu Ende, Vater zu sein?

In die Beziehung hat sich was eingeschlichen,
Die Lockerheit ist der Schwermut gewichen.
Das Liebesleben hat Pause eingelegt,
Ein Orkan die Beziehung leergefegt.
Bleibt es ihm vergönnt, Vater zu sein?

Sie hatten sich vereint in Amors Nest,
Spielt den Killer nun ein Schwangerschaftstest?
Die Natur hat Mann und Frau gegeben,
Was es braucht zu zeugen neues Leben.
Wem gehört das Recht, Vater zu sein?

Nationalismus

Der braune Geist schwebt im Gewimmel,
Verlangt nach nichts, scheint ohne Absicht,
Schaut scheinheilig zum Sternenhimmel;
Und ostwärts ein neuer Tag anbricht.

Morgens steigen lüstern Nebel auf,
Zeichnen verschwommene Konturen;
Wachsen aus dieser Öde herauf
Unverhofft beklemmende Spuren.

Schon quillt der braune Geist hervor,
Gibt schaurig sich zu erkennen;
Sein lästernd, böser Grundtenor
Scheint alle Kräfte zu verbrennen!

Sprüht sein Gift, sät wilde Samen,
Lässt die braune Suppe brodeln;
Schürt weiter, macht uns zu Lahmen,
Die lauthals seine Reden jodeln.

Hütet euch vor hetzenden Wichten,
Die als Erbauer enger Welten
Finstre Zellen für uns errichten.
Nicht dass sie als Heilsverkünder gelten.

Vorbei wärs mit der Demokratie,
Diese Erkenntnis braucht wenig Fantasie.

Hemdknöpfchen

Bei alten Männern ist's oft der Brauch,
dass das Hemd spannt überm Herrenbauch.
Meist das siebte Knöpfchen hängt gemein
am losen Faden im Knopflöchlein.

Es glotzt auf des Herren schwarzen Schuh.
Der referiert in einsamer Ruh
mit Hinz und Kunz über Gott und die Welt.
Wenn sich nur das Knöpfchen tapfer hält!

Das Unterleibchen, gleich strapaziert,
dehnt sich weit hinaus ganz ungeniert;
denkt wie viele Leibbedeckungsgenossen:
Ach Knöpfchen, du bist echt verschossen!

Gesichtsfalten

Jüngst sah ich morgens in den Spiegel
Zur Rasur in mein müdes Antlitz.
Was ich entdeckte, traf wie ein Blitz:

Neue Falten wie Saiten einer Fiedel
Begrüßten mich scheu zum frischen Tag,
Und niemand hat gefragt, ob ich sie mag.

Schiebt diesem Tun niemand den Riegel?
Nun denn, willkommen ihr zarten Falten,
Gesellt euch zu den vertrauten alten.

Tinnitus

Einsame Nachtstille hör ich nicht klingen,
Wohl den Tinnitus sein leises Liedchen singen.
Hab' ihn angenommen als fernes Gestirn,
Als ungebetenen, trüben Wolkenschirm.

Kehrte Friede ein im unruhig Gehirn,
Genäht wär' mein Schlaf mit goldigem Zwirn,
Ich hörte das Nachtglöckchen im Turme klingen,
Die Nachtstille ihr einsam Liedchen singen.

Schnarchen

Ich schließe meine Augenlider
Und schnarche nächtens meine Lieder.
Die Bettnachbarin fühlt sich gestört,
Doch ich hab mein Schnarchen nicht gehört.

Auf dem Bauch, dem Rücken, der Seite
Schnarch ich Ster um Ster Brennholzscheite,
Bis endlich, endlich der Tag anbricht,
Sie stänkert: «Dein Schnarchen glaub ich nicht!»

Abend für Abend wird den Bettgenossen
Die Lust auf den Bettgang verdrossen,
Denn das Schnarchen stellt sich wieder ein:
«Aus dem Zimmer! Schlaf bitte allein!»

Ein Einzelzimmer? – Kaum denkbar!
Eher zöge ich nach Sansibar
Oder auf die fernen Molukken,
Als solch eine Kröte zu schlucken!

Und heute noch teilen wir unser Bett
Und schnarchen liebevoll im Duett
Im hochallerschönsten Moll und Dur,
Und niemand denkt mehr an eine Zäsur.

Knoblauch

Ein leiser Furz,
ich spür ihn kurz,
entweicht im Sturz
dem geblähten Bauch.
Solch furchtbaren Hauch
treibt nur reifer Knoblauch.

Fliegen fliegen

fliegen Fliegen Fliegen nach
fliegen Fliegen Fliegen nach

ruck zuck vorbei

ruck, ruck, ruck
zuck, zuck, zuck
schon ist's vorbei

INHALT

Anmerkungen

Mein Dank gilt dem Frieling Verlag, der mich zur Herausgabe dieses Gedichtbands ermunterte und mich im Prozess persönlich und professionell begleitete.

In Anthologien erschienen

Lebensabend
Johannisnacht
Lebensklang
Erschienen in der Anthologie „Welt der Poesie“
Frieling-Verlag Berlin / ISBN 978-3-8280-3679-6
E-Book ISBN 978-3-8280-3680-2

Im Herzen zugehörig
Frostland
Sollbruchstelle
Covid
Veilchenduft
*Erschienen in der Anthologie «Auslese zum Jahreswechsel * 32. Edition», Frieling-Verlag Berlin*
ISBN 978-3-8280-3781-6
E-Book ISBN 978-3-8280-3782-3

Ausgebremst
Erschienen in der Anthologie «Wenn es dunkel wird in mir»
Frieling-Verlag Berlin
ISBN 978-3-8280-3644-4

(K)eine Frage
Erschienen in der Anthologie «Die besten Gedichte 2021/2022»
Frankfurter Literaturverlag / ISBN 978-3-8372-2525-9

Partyreise
Erschienen in der Anthologie «Die besten Gedichte 2022/2023»;
Frankfurter Literaturverlag / ISBN 978-3-8372-2650-8

Unterm Hibiskus-Strauch
Erschienen in der Anthologie «Die besten Gedichte 2023/2024»;
Frankfurter Literaturverlag / ISBN 978-3-8372-2730-7

Heiteres Leibesentzücken
Veilchenduft
Erschienen in der Anthologie «Der Liebesgarten - Erotische Gedichte»
Pohlmann Verlag, D-49196 Bad Laer / ISBN 978-3-948552-12-1

Erläuterungen

Verpflanzter Baum

Entstanden anlässlich des neunzigsten Geburtstags meiner Mutter. Nach 60 Jahren musste sie altershalber aus dem Einfamilienhaus in eine Wohnung umziehen, was ihr sehr schwerfiel.

Ausgebremst

Beschreibt mein Burnout von 2007

Sternenkind

Am Kindergrab

Johannisnacht

... sind unserem Enkelsohn Luis gewidmet, der am Tag der Niederkunft verstorben ist.

Menschenkind

... ist unserer aufgeweckten, süßen Enkelin Laura gewidmet, die uns große Freude macht und uns den Lebensabend erhellt.

gelassen

In Anlehnung an das Gedicht «widerspruch» von Simone Lappert im Gedichtband «längst fällige verwilderung», Seite 31, Diogenes Verlag, Zürich / ISBN 978 3 257 07189 4

standfest

In Anlehnung an das Gedicht «frostfest» von Simone Lappert im Gedichtband «längst fällige verwilderung», Seite 53, Diogenes Verlag, Zürich / ISBN 978 3 257 07189 4